Theo von Taane

Notizbuch

Weltbester Telesportler

AF138821

Widmung:

Bibliografische Information der Deutschen Nationalbibliothek:
Die Deutsche Nationalbibliothek verzeichnet diese Publikation in der Deutschen Nationalbibliografie; detaillierte bibliografische Daten sind im Internet über http://dnb.dnb.de abrufbar.

© 2016 Theo von Taane; 1. Auflage
Covergrafik: © Theo von Taane

Herstellung und Verlag: BoD – Books on Demand, Norderstedt

ISBN: 9783739201009

Weitere Bücher von Theo von Taane

Titel	ISBN
Minecraft Witzebuch	9783738612332
Minecraft Witzebuch 2	9783739211206
Minecraft Witzebuch 3	9783739211305
Minecraft Witzebuch 4	9783739222394
Minecraft Rätselbuch	9783739218267
Minecraft Notizbuch (liniert)	9783738628852
Minecraft Notizbuch (kariert)	9783739228709
Minecraft Mathe Ausmalbuch	9783739229744
Minecraft Offline Spiele	9783738647204
The Walking Dad Witzebuch	9783739213507
Weltbester Inline Skater	9783738610178
Weltbester Skifahrer	9783738610185
Weltbester Snowboarder	9783738610192
Weltbester Sportler	9783738610208
Weltbester Surfer	9783738610215
Weltbester Taucher	9783738610222
Weltbester Tennisspieler	9783738610239
Weltbester Volleyballer	9783738610246
Weltbester Wassersportler	9783738610253

...weitere Titel verfügbar und aktuell in Vorbereitung

Von Theo von Taane gibt es über 200 Witzebücher,
Spiele, Kalender, Sportbücher etc.
Einfach mal im Store nach ‚von Taane' suchen.

Viel Spaß!